✝

A LA MÉMOIRE

DE

MONSIEUR JOSEPH-MARIE

PROYART

Vicaire Général
Prévôt du Chapitre de la Cathédrale
Membre de l'Académie d'Arras

NÉ A ERVILLERS EN 1803

Décédé à Arras, le Samedi 26 Mai 1888

R. I. P.

MORT DE M. L'ABBÉ PROYART

Monsieur Proyart a terminé sa belle et sainte carrière le samedi 26 mai 1888. Ce prêtre vénérable, vicaire général, prévôt-doyen du Chapitre de la Cathédrale, doyen de l'Académie d'Arras, a succombé à midi et demie, aux atteintes d'une pleurésie dont la gravité était surtout due à l'âge avancé du malade.

M. Joseph-Marie Proyart était, en effet, né en 1803, et il est mort après quatre-vingt-cinq ans d'une vie qui a été un sujet d'édification pour tous ceux qui l'ont connu.

Voici la lettre que Mgr l'Évêque a adressée à MM. les Doyens et Curés du diocèse à l'occasion de ce décès :

Arras, le 26 Mai 1888.

Messieurs et Chers Coopérateurs,

Nous avons la douleur de vous annoncer la mort de Monsieur l'Abbé Proyart, Prévôt du Chapitre de notre Cathédrale, membre de notre Conseil et notre Vicaire Général, comme il le fut sous les diverses administrations qui se sont succédé à Arras depuis bientôt quarante ans. C'est un deuil nouveau qui vient s'ajouter à tous ceux qui nous ont affligés depuis quelques années et un vide considérable qui achève de réduire à un bien petit nombre ce Chapitre que nous avons trouvé complet et que nous essayons de reconstituer au prix de tant de difficultés. Monsieur Proyart a rendu sa belle âme à Dieu, la veille d'une fête qui lui était particulièrement chère, la veille du jour où l'Église d'Arras célèbre la solennité de Notre-Dame des Ardents. Il est mort plein de jours et de mérites, après quelques semaines de maladie, comme arrivé au terme d'une carrière saintement parcourue : *et deficiens mortuus est in senectute bonâ, provectæque ætatis, et plenus dierum.*

Nous n'avons point à vous retracer ici, dans ces quelques lignes écrites à la hâte, la beauté de cette vie sacerdotale qui s'est écoulée tout entière dans la ville épiscopale, sous les regards des membres d'un Clergé qui s'est formé à la pratique des devoirs de sa profession dans notre Séminaire, ou qui, depuis le long espace de plus de soixante ans, s'est trouvé en rapports constants avec le Secrétaire Général ou le Vicaire Général de l'Évêché. Tous ont pu apprécier par eux-mêmes la pureté de cette belle âme, sa tendre piété, son assiduité à tous les exercices de religion qui étaient particuliers à sa fonction, son exactitude à toutes les solennités et à toutes les prédications où il croyait sa présence utile, jusque dans ce dernier Carême, malgré son âge si avancé et malgré les rigueurs d'un hiver prolongé. Tous aussi ont connu la distinction de son caractère où s'alliaient si bien la noblesse et la simplicité, la fermeté et l'affabilité,

le calme et l'activité, le dévouement à l'Église et la modération d'une âme toujours maîtresse d'elle-même qui sait
attendre et prendre patience. Il eût été difficile de passer
près de ce vénérable vieillard, de contempler ses traits où
respirait la dignité sacerdotale, d'entendre cette parole si
grave et si douce, si judicieuse et si mesurée, sans se sentir
pénétré d'un profond sentiment de respect.

Le clergé gardera la mémoire de ce prêtre éminent qui
fut vraiment son modèle ; les communautés religieuses se
souviendront des conseils pleins de sagesse qu'il leur a
donnés dans les diverses fonctions qu'il a remplies auprès
d'elles ; les pieux fidèles de notre ville épiscopale qui,
jusque dans ces derniers temps, continuaient de recourir à
sa direction spirituelle, n'oublieront pas cette parole pleine
et lumineuse qui traçait si bien à chacun la voie sûre du
salut : *Defunctus adhuc loquitur*. Nous avons été personnellement édifié de toutes nos relations avec ce représentant
vénéré des anciens du sanctuaire, et nous avons toujours
admiré ces procédés de parfaite déférence dont ce prêtre
selon le cœur de Dieu voulait bien user à notre égard, en
considération du caractère sacré dont nous lui apparaissions
toujours revêtu. Nous en avons été particulièrement touché
dans nos dernières visites, où Nous avons senti davantage
encore combien cette âme était animée du plus pur esprit
du sacerdoce et quels riches trésors de piété elle renfermait.

Vous savez aussi, Messieurs et chers Coopérateurs, de quelle reconnaissance le diocèse tout entier est redevable envers le vénéré défunt. Entré dans l'administration diocésaine, au début même de sa carrière sacerdotale, M. Proyart n'a cessé de lui donner depuis le concours le plus actif, le plus intelligent, le plus dévoué. Honoré de la confiance de tous les évêques qui ont occupé le siège d'Arras depuis le commencement de ce siècle, il a rendu au diocèse les services les plus précieux, à des titres divers et dans la mesure que comportaient les diverses phases de cette longue existence. Nous avons eu le bonheur de pouvoir profiter de ses lumières et de sa longue expérience depuis Notre arrivée au milieu de vous, et Nous avons considéré comme une insigne faveur de recueillir souvent de sa bouche, au sein de notre Conseil, des paroles qui nous éclairaient sur les hommes et sur les choses, pour le bon gouvernement de notre diocèse. C'est un précieux privilège pour une administration épiscopale de pouvoir conserver, au timon des affaires, des hommes de cette trempe qui, en persévérant dans les mêmes fonctions, y maintiennent l'esprit de suite et les sages traditions.

Nous ne nous contenterons pas, Messieurs et chers Coopérateurs, de donner le tribut si bien mérité de nos regrets à la mémoire de celui qui vient de nous être enlevé : nous y ajouterons celui de nos pieux suffrages, en priant pour le repos de son âme. Nous sommes convaincu que vous vous souviendrez tous à l'autel du Seigneur de Celui qui a tant honoré le Sacerdoce dans notre pays, qui vous a rendu à tous de si précieux services et toujours avec un si touchant empressement, qui nous laisse de si beaux exemples à imiter. Vous viendrez, si la distance et les occupations vous le permettent, pour assister aux obsèques solennelles qui auront lieu le Mardi 29 Mai, à la Cathédrale, à onze heures, et que nous nous ferons un devoir de présider nous-même.

Agréez, Messieurs et Chers Coopérateurs, l'assurance des sentiments affectueux et dévoués dont nous sommes pénétré pour vous en Notre-Seigneur.

† DÉSIRÉ-JOSEPH,

Évêque d'Arras, Boulogne et Saint-Omer.

LES FUNÉRAILLES

Le mardi matin ont eu lieu, à la Cathédrale, les funérailles de M. le Chanoine Proyart. La vaste église était remplie d'une assistance considérable : l'on y remarquait surtout l'affluence des prêtres du dehors, qui avaient tenu à répondre à l'invitation expresse de Mgr l'Évêque, et qui s'unissaient au clergé de la ville et à tout le personnel des Séminaires, pour former, derrière le vénéré défunt, une digne délégation du corps sacerdotal.

Après le service, Mgr Dennel a donné l'absoute, et le cortège a pris le chemin de la porte Ronville.

Il était composé des élèves des séminaires, de nombreux parents, des chanoines, de plus de cent prêtres en costume de chœur, d'une députation de l'Académie d'Arras, des communautés dont M. Proyart avait été ou le supérieur ou l'aumônier, d'une représentation du Cercle catholique d'ouvriers (avec la bannière du Cercle, voilée d'un crêpe), des enfants appartenant à diverses œuvres, enfin d'un grand nombre d'amis, qui suivaient avec recueillement la dépouille de ce prêtre universellement estimé et aimé.

Avant que le corps ne prit le chemin d'Ervillers, où devait avoir lieu le lendemain un nouveau service suivi de l'inhumation, un discours a été prononcé par M. le Chanoine Deramecourt, au nom de l'Académie d'Arras.

DISCOURS

PRONONCÉ

AUX FUNÉRAILLES DE M. L'ABBÉ PROYART

par M. le Chanoine DERAMECOURT

DÉLÉGUÉ DE L'ACADÉMIE D'ARRAS

MESSIEURS,

C'est à M. de Mallortic, président de l'Académie, qu'il appartenait de rendre aujourd'hui au doyen de notre Société un hommage digne de lui : puisqu'il faut que je le remplace, laissez-moi dire avec moins d'éloquence, mais avec un égal respect, et une aussi vive sympathie, le dernier adieu au vénérable confrère qui nous quitte pour un monde meilleur.

Si Mgr l'Évêque d'Arras regrette et revendique à bon droit M. l'abbé Proyart comme le plus beau fleuron de sa couronne épiscopale, si le clergé et les chrétiens de tout rang — vous venez de le voir — le vénèrent justement comme un modèle achevé de toute vertu, et la plus complète personnification du prêtre, dans le diocèse, l'Académie, à son tour, a le droit et le devoir de proclamer qu'il fut pendant trente-sept ans un des membres qui l'ont le plus honorée et le mieux servie.

Né au commencement de ce siècle, dans une de ces belles familles patriarcales dont notre région peut être fière, il arrivait à Arras dès l'année 1815. Depuis lors, c'est-à-dire depuis soixante-treize ans, il n'a point quitté cette ville.

L'élève de la pension Genelle, du Collège communal et du Séminaire se distinguait déjà par une aménité parfaite, un grand esprit de travail et les plus nobles qualités de l'âme.

Aussi, cet aimable et pieux représentant de notre bourgeoisie artésienne attira-t-il de suite l'attention et l'affection du prélat gentilhomme qui restaurait alors notre Église. En l'appelant près de lui, Mgr de La Tour d'Auvergne se conciliait du même coup les sympathies d'une classe nombreuse et influente, et s'assurait le concours d'un collaborateur intelligent et délicat.

Nous laissons à deviner ce qu'il fallut de tact et de sagesse pour occuper, faire accepter et conserver, avant même d'être prêtre et dès l'âge de vingt-deux ans, cette situation de secrétaire particulier de l'Évêque d'Arras et plus tard du Cardinal ; disons seulement que l'intervention discrète de M. Proyart se retrouve dans tous les actes importants de ce fécond épiscopat.

A mesure qu'il avance dans la vie, le Cardinal s'appuie

davantage sur le bras dévoué de son auxiliaire : il le fait chanoine honoraire, secrétaire général, membre de son Chapitre, son conseiller, son vicaire général : c'est lui qui reçoit ses dernières confidences, c'est lui qui lui ferme les yeux, c'est lui que le choix du Chapitre, unanimement ratifié, charge d'exécuter ses dernières volontés, de continuer son œuvre et de recevoir son successeur. On sait à quelle hauteur d'estime et de confiance les évêques d'Arras ont maintenu depuis le vicaire capitulaire de 1851.

Mais M. Proyart n'était pas absorbé par les travaux de l'administration diocésaine au point de ne plus trouver de temps pour l'étude. Il vivait sous le même toit que M. l'abbé Parenty, lui aussi l'une des forces et l'une des gloires de l'Académie : de leur amitié et de leur commerce quotidien naquit une émulation généreuse dont l'histoire et l'hagiographie locales profitèrent largement.

Dès l'année 1847, il répondait à l'appel de l'Académie par un important *Mémoire sur l'enseignement dans la ville d'Arras* et obtenait une médaille d'or.

Une seconde récompense obtenue de la même Société lui méritait d'en franchir les portes le 16 mai 1851, et M. Harbaville pouvait s'applaudir avec raison, en le recevant, de son utile collaboration.

En entrant à l'Académie, M. Proyart y apportait et y trouvait tout ensemble ces belles traditions d'urbanité, de prévenance, de bienveillance, de noblesse et de simplicité que nous ont léguées nos aïeux, sous le nom de politesse française, et dont nous avons retrouvé en lui, jusqu'en ces derniers jours, le type acccompli.

Il y apportait, également, sa droiture, sa science et son esprit de travail.

En un mot, M. Proyart accepta cet honneur comme il faisait toujours, en en considérant surtout les charges, et en en faisant profiter ses compatriotes.

L'histoire locale, qui fait le sujet de son discours de réception, resta, selon sa promesse, son étude de prédilection, le charme et la maîtresse de sa vie.

Ne le voyions-nous pas, il y a quelques jours encore, feuilletant à tâtons les documents accumulés par toute une vie de labeurs, pour y retrouver les éléments d'une étude qu'il dictait à son jeune secrétaire, et qui avait pour sujet la *Sainte Manne ?*

Sans parler de ces courtes et pieuses brochures qu'il jetait d'une main discrète dans le public religieux, et qui avaient pour but de populariser, en les faisant connaître, les Vies de nos Saints, nos Dévotions, nos Pèlerinages et les objets de notre culte local, j'ai trouvé, dans nos Mémoires, de magistrales études qu'il dut signer de son nom, puisque l'Académie n'accepte pas les publications anonymes.

C'est lui qui le premier remit sous leur vrai jour les exactions commises par Louis XI à Arras et ouvrit, sur les anciennes tapisseries, un avis confirmé de point en point par de récentes découvertes.

Ses notices sur Antoine Havet, sur Jean de Rely, sur Nicolas le Ruistre ; ses recherches si complètes sur le Cloître de la Cité et sur nos anciennes églises ne furent pas moins remarquées, et il faudrait citer plusieurs rapports et de plus nombreux discours pour faire la simple énumération de ses travaux académiques.

Je veux mentionner en dernier lieu le travail savant et charmant qu'il a consacré à mettre en relief *les secours nombreux accordés de tout temps aux pauvres dans la ville d'Arras*. Je dis de tout temps, car, après avoir scrupuleusement étudié les œuvres de bienfaisance dans le passé, l'auteur se complaît à énumérer celles qui ont survécu et qui ont été créées dans le temps présent.

Il n'en néglige aucune : ni nos multiples hôpitaux, nos maisons de refuge et nos orphelinats ; ni la Conférence de Saint-Vincent de Paul et ses utiles annexes ; ni l'Œuvre de Marie, le Bon-Pasteur, la Société de Secours mutuels et la Maison du Père Halluin.

C'est qu'il connaissait bien toutes ces œuvres : il les avait étudiées avec son esprit et avec son cœur : comme historien, comme Artésien et surtout comme prêtre.

Que de plaies sa main discrète y avait pansées, que de bienfaits inconnus des hommes elle y avait répandus, que de pardons elle y avait octroyés au nom de Dieu !

Jusque dans ces derniers hivers, ne l'avons-nous pas vu, je ne dis pas seulement à sa stalle de chanoine, mais dans cette salle enfumée de la rue de Beaufort, où se réunissent les ouvriers pour la conférence du jeudi, venir les saluer, les édifier et les bénir ?

Cher et vénéré collègue, comme faisaient ces braves gens à la fin de nos séances, après avoir prié Dieu, avec vous, de sanctifier le repos de la nuit et le travail du lendemain, volontiers je m'incline avec eux, avec vos dignes parents et vos fidèles amis, avec mes collègues de l'Académie, devant votre dépouille mortelle, comme pour recevoir votre dernière bénédiction.

C'est la bénédiction d'un homme de bien qui honore la bienfaisance ; c'est la bénédiction d'un savant qui honore la science ; c'est la bénédiction d'un prêtre qui honore le sacerdoce et l'Église.

Puisse cette bénédiction nous exciter tous à vous imiter ici-bas et nous servir à vous rejoindre dans le ciel. Vénéré Monsieur Proyart, adieu !

L'INHUMATION A ERVILLERS

Une pieuse et nombreuse assistance se réunissait le mercredi 30 mai, en l'église d'Ervillers, pour rendre les derniers devoirs à M. l'abbé Proyart.

Le corps du vénérable défunt, ramené la veille dans son pays natal après un premier service célébré à Arras, avait été accueilli par une manifestation respectueuse et touchante de toute la population.

Avant l'absoute, dite par M. le vicaire-général Depotter, M. le chanoine Graux a prononcé l'éloge funèbre du saint prêtre. Il a retracé, dans une péroraison très remarquée, sa carrière sacerdotale, si dignement, si consciencieusement remplie et qui venait se terminer, après 85 ans d'existence et 60 ans de ministère, dans cette petite église où il avait reçu le baptême, et où il revenait souvent prier pour ses proches, ses amis et ses humbles compatriotes, restés chers à son cœur, malgré les labeurs de l'administration diocésaine et les distinctions hiérarchiques auxquelles sa modestie seule mit un terme.

Mais, comme l'a dit excellemment l'orateur, que resterait-il à ajouter aux magnifiques témoignages que Monseigneur l'Évêque d'Arras a rendus publiquement à la mémoire de l'abbé Proyart par sa lettre officielle à tous les doyens et curés du diocèse, document impérissable qui perpétuera désormais dans les archives de toutes les paroisses le souvenir d'un prêtre qui fut à la fois la personnification des traditions du passé, et le modèle de toutes les vertus sacerdotales ?

La lecture de la lettre épiscopale tout entière, suivie de l'éloquent commentaire de M. le chanoine Graux, a produit dans l'assistance une profonde et religieuse impression qui survivra à cette cérémonie funèbre et qui honore une famille déjà si considérée dans le pays.

Arras. — Imp. du PAS-DE-CALAIS.